UN CHOUAN A LONDRES

(1796)

LOUIS-CHARLES-RENÉ COLLIN DE LA CONTRIE

Extrait de la *Revue de la Révolution*

NANTES

IMPRIMERIE VINCENT FOREST ET ÉMILE GRIMAUD

PLACE DU COMMERCE, 4

1884

UN CHOUAN A LONDRES

(1796)

LOUIS-CHARLES-RENÉ COLLIN DE LA CONTRIE

COMTE G. DE CONTADES

UN CHOUAN A LONDRES

(1796)

LOUIS-CHARLES-RENÉ COLLIN DE LA CONTRIE

Extrait de la *Revue de la Révolution*

NANTES

IMPRIMERIE VINCENT FOREST ET ÉMILE GRIMAUD

PLACE DU COMMERCE, 4

1884

UN CHOUAN A LONDRES

(1796)

LOUIS-CHARLES-RENÉ COLLIN DE LA CONTRIE

I

Le chouan qui, au printemps de 1796, cessa de faire le coup de feu sur les landes de Bretagne pour s'en aller à Londres solliciter dans les ministères et prendre la parole dans les assemblées royalistes, s'appelait Louis-Charles-René Collin de la Contrie. Il était membre de l'armée royale et catholique de Bretagne, comme député de l'arrondissement de Rennes et Fougères, et, à ce titre, savait déjà ce que la jalousie et les rivalités des chefs causaient de mal à un parti dont tous les membres, au lendemain de Quiberon, eussent dû se recueillir dans un deuil commun. Collin de la Contrie était « un avocat breton, lié jadis au marquis de la Rouarie et à ses plans d'insurrection. Il s'était joint aux Vendéens dans leur excursion d'outre-Loire, et n'avait cessé depuis de servir le parti du roi avec un zèle éclairé et une fidélité inviolable[1]. »

Le comte de Puisaye, rentré en Bretagne, avait conçu pour les pays occupés par son armée le plan d'une organisation complète et ingénieuse, copiée sur les nouvelles divisions territoriales. Il avait divisé la province en six arrondissements, ces arrondissements en cantons, ces cantons en paroisses. Chaque arrondissement avait son conseil particulier, comme chaque paroisse et chaque canton. Le

---

1. A. de Beauchamp. *Histoire de la guerre de la Vendée.* T. IV, p. 121.

conseil de paroisse relevait du conseil de canton, subordonné au conseil d'arrondissement qui recevait ses instructions du conseil général de l'armée. Le 12 octobre 1795, le conseil général adopta ce projet d'organisation. Il était lui-même formé de la façon suivante :

Le conseil général civil et militaire, autorisé par S. A. R. Monsieur, frère du roi, est composé de députés de chaque arrondissement au nombre de deux, du général en chef des armées, du maréchal général des logis, des généraux des armées qui y auront voix délibérative, lorsque leur service leur permettra d'y assister, et de leurs généraux lieutenants qui y auront seulement voix consultative dans le même cas. Dans la totalité des députés, il y aura au moins deux ecclésiastiques.

Le comité d'arrondissement était, ainsi que les deux conseils inférieurs, formé d'après les mêmes principes. Voici sa composition :

L'administration de chaque arrondissement appartiendra à un conseil dit d'arrondissement composé du général d'armée, du général lieutenant, d'un agent général commissaire pour le roi, et de quatre membres parmi lesquels il y aura au moins un ecclésiastique, l'agent général et les quatre derniers recevant leurs lettres ou commissions du conseil général, sur la désignation du conseil d'arrondissement.

Collin de la Contrie représentait au conseil général l'arrondissement de Rennes et Fougères, formé du département d'Ille-et-Vilaine, auquel on avait ajouté « les extensions dans la Normandie et dans le Maine, occupées par M. de Boisguy. » Du 4 octobre 1795 au 30 juin 1796, les délibérations du conseil général furent fidèlement consignées dans quatre registres conservés au British Museum parmi les papiers de Puisaye [1]. Le 10 octobre 1795, les pouvoirs de Collin de la Contrie furent vérifiés par le conseil général et déclarés valables. Le même jour, il prêta le serment exigé de tous les députés [2] et

---

1. British Museum. *Puisaye papers*, vol. XXX, *Premier registre du conseil général de Bretagne ;* vol. XXXI, *Second registre du conseil général de Bretagne ;* vol. XXXII, *Troisième et quatrième registres du conseil général de Bretagne.* Toutes les citations précédentes sont extraites de ces quatre registres.

2. Tous les membres du conseil général prêtaient le serment... « de maintenir de tout leur pouvoir la religion catholique, apostolique et romaine dans l'ancien exercice de son culte, dans les droits de ses ministres, de rétablir la monarchie françoise sur ses anciennes bases, de rétablir sur le trône de ses pères S. M. Louis XVIII, leur auguste et légitime souverain, de maintenir l'hérédité à la couronne dans l'auguste maison de Bourbon, suivant l'ancienne constitution du royaume, de ne cesser leurs travaux et de ne poser les armes qu'après être parvenus à ce but désiré, avoir réduit les factieux, et rappelé le règne des lois, de l'ordre et de la tranquillité publique. »

fut chargé conjointement avec Lemercier, député de Vannes, « de
la correspondance avec les différentes armées et les administrations
subordonnées au conseil général, de la rédaction, impression et
promulgation des adresses, arrêtés et procès-verbaux, et de la garde
des archives. » La Contrie s'en fut ensuite dans l'arrondissement
de Fougères pour les affaires du parti ; le 11 décembre, il était de
retour, rendait compte de sa mission au conseil général, et justifiait
de l'emploi de 240 livres qui lui avaient été remises pour frais de
voyage. Le procès-verbal de la séance était signé ce jour-là par le
comte Joseph de Puisaye, général en chef, le marquis de Pange, le
chevalier de la Crochais et M. Erondelle. Dans un rapport en
anglais, adressé au gouvernement britannique, Puisaye [1] a consa-
cré quelques mots à chacun de ces officiers. Il regardait la Contrie [2]
comme un homme honnête et courageux, d'un véritable mérite. Le
marquis de Pange, ancien colonel de hussards à l'armée de Condé,
le séduisait par l'élévation de ses sentiments et de son langage.
C'était un gentilhomme qui avait dépensé ses forces au service de
la cause royale, et dont de nombreuses blessures avaient altéré la
santé [3]. M. de la Crochais, ancien officier de marine, la droiture
même [4], paraissait à Puisaye plein de savoir et de vaillance, et
M. Erondelle [5], représentant la partie de la Bretagne occupée par Scépeaux, lui semblait un homme de bon sens, aussi loyal que courageux.

Les délibérations du conseil général, rédigées régulièrement,

1. *Puisaye papers,* vol. CVII. *A sketch for a narrative of the events of the royalist war,
since my return from Houat to Britanny, till the end of 1796.*

2. *Ibid.* M. Collin de la Contrie... a man of real abilities, courage and honesty.

3. *Ibid.* Marquis de Pange... a man of little strength, but of the most exalted soul and
language.... His weakly constitution arose from his numerous wounds.

Marie-Louis Thomas, marquis de Pange, était né à Paris, le 11 mai 1763. Il fut reçu tout
jeune dans la Maison-Rouge du roi, compagnie des gendarmes de la garde, commandée par
le maréchal de Soubise. A la mort de son père (1780), il était en Amérique comme aide de
camp de M. de Viomesnil, son parent. En 1785, il fut nommé colonel en second des hussards
du comte de Bercheny, son beau-frère. Il émigra et fut colonel en second de la légion de
Mirabeau ; puis, le régiment de Bercheny ayant émigré, il y reprit, à la solde de l'Autriche,
son grade de colonel en second, et fut cité à l'ordre du jour de l'armée de Clerfayt. Il passa
ensuite en Bretagne, où il servit aussi brillamment qu'à l'armée du Rhin. Nous trouvons, dans
le *Livre des rapports de M. de Chateaubriand (Puisaye papers,* vol. XXVI), le récit d'un
engagement dans lequel il reçut une de ces blessures qui lui avaient coûté la santé. Il eut
ce jour-là deux doigts emportés d'un coup de fusil.

4. *Ibid.* Le chevalier de la Crochais... an officer in the royal navy, an upright character
and a well informed and courageous man.

5. *Ibid.....* MM. Gautier and Erondelle, two sensible, loyal and courageous officers.

n'étaient que rarement signées par tous les membres de la petite assemblée. Un jour, plusieurs d'entre eux se trouvaient en mission ; un autre jour, ils étaient au feu. Parfois même leur nombre n'était pas suffisant, et le 20 avril 1796, le conseil dut suspendre pour quelques jours ses séances. Deux de ses membres avaient déjà rencontré une mort glorieuse : M. de la Crochais et le marquis de Pange. Dans la délibération du 15 février 1796, leur mort fut constatée en ces termes :

La mort de MM. de la Crochais, député de l'arrondissement de Saint-Brieuc, et le marquis de Pange [1], député de Rennes et Fougères au conseil général, lui ayant été manifestée, le conseil a arrêté qu'il sera écrit à MM. des conseils d'arrondissement de Rennes et Fougères et de Saint-Brieuc pour leur témoigner les regrets de la perte de ces deux députés et les inviter à les remplacer au plus tôt.

En 1796, l'on songea à réunir à Londres les représentants des diverses armées royales, afin de venir à bout d'un esprit de rivalité et de division qui produisait, de l'avis de tous, les résultats les plus funestes. Puisaye choisit pour représenter l'armée de Bretagne à cette assemblée le comte de Botherel, chargé par lui d'une mission près du cabinet britannique, et M. Jouet, député au conseil général pour l'arrondissement de Saint-Brieuc, qui se trouvaient alors à Londres. Il leur adjoignit Collin de la Contrie dont il faisait grand cas, et en qui il avait toute confiance. Dès qu'il eut reçu les instructions de Puisaye, Collin de la Contrie se prépara à partir. Il avait été choisi à juste titre, car nul mieux que lui n'était au courant des affaires du parti, du fort et du faible des petites armées. Il avait eu, récemment encore, dans sa division de Rennes et Fougères, un exemple des mesquineries et des susceptibilités qui jetaient le désaccord entre des gentilshommes aussi prêts à se chicaner pour une vétille qu'à se faire tuer pour la plus noble cause. En décembre 1795, le comte Henry de Frotté, père du général, s'était rendu au conseil civil et militaire de l'arrondissement de Rennes et Fougères. Il était chargé des plus amples pouvoirs par Monsieur, frère du roi, et porteur du billet suivant :

1. Les états de service du marquis de Pange nous apprennent qu'*il fut tué, étant maréchal de camp, commandant la cavalerie de l'armée royale.* Ce commandement lui avait été confié par le conseil général de l'armée de Bretagne, le 11 décembre 1795. M. de Pange mourut, le 29 janvier 1796, sur le territoire de la commune du Pin, arrondissement d'Ancenis.

Ceux qui liront le présent billet pourront prendre confiance dans M. le comte Henry de Frotté, qui agit d'après mes ordres et mes instructions.

A l'Ile d'Yeu, le 7 novembre 1795.

CHARLES-PHILIPPE.

Comme mandataire du prince, le comte de Frotté fut reçu avec les marques du plus grand respect ; mais il le fut avec des signes évidents de malveillance, comme père du général, voisin de M. de Boisguy. Il avait de plus, aux yeux des Bretons, le tort grave d'avoir récemment engagé un gentilhomme normand, le chevalier de Mauduit, à quitter Boisguy pour aller servir sous les drapeaux de son fils. La froideur de l'accueil qu'il reçut fut si manifeste que M. de Frotté [1] se crut obligé de consigner des explications relatives au fait qui lui était reproché, dans le registre des délibérations du petit conseil :

... Mais, comme il m'est venu qu'il s'est élevé quelque murmure, j'ai requis messieurs les membres du conseil d'écrire sur leur registre la conduite que j'ai tenue dans cette circonstance, pour qu'elle soit communiquée à ceux de Boisguy. Je ferai toujours ce qui dépendra de moi pour me rendre exempt de reproche.

Fait à la résidence de l'arrondissement de Rennes, le 28 décembre 1795.

Le comte HENRY DE FROTTÉ.

Le conseil d'arrondissement, faisant mine d'être satisfait, rendit au comte de Frotté courtoisie pour courtoisie :

En même temps, nous saisissons avec empressement l'occasion que nous fournit la présence de M. le comte de Frotté pour faire parvenir à M. le comte Louis de Frotté, son fils, commandant pour la personne du roi le rassemblement fait en Normandie, le témoignage de notre vénération pour son zèle et son amour pour la religion et le roi, et les talents militaires qu'il a si glorieusement déployés depuis qu'il est entré dans cette province, l'inviter en même temps à communiquer le plus qu'il lui sera possible avec nos armées de Bretagne et avec celle de M. de Boisguy qui l'avoisine le plus, cette dernière et l'armée de Normandie sous les ordres de M. de Frotté étant dans le cas d'agir de concert et de se porter de mutuels secours, ce qui ne peut qu'accélérer le retour de l'ordre.

---

1. V. pour l'incident relatif au comte de Frotté, *Puisaye papers,* vol. XXXIII: *Conseil général de Bretagne. Organisation des chevaliers catholiques.*

Tout semblait donc pour le mieux en apparence, mais au fond, pour pouvoir *accélérer le retour de l'ordre,* l'on songeait beaucoup trop que l'on était Breton ou Normand, que l'on servait sous Bois-guy ou Frotté, et pas assez que l'on était avant tout royaliste et Français. Collin de la Contrie allait retrouver à Londres les mêmes susceptibilités et les mêmes querelles ; il y revit aussi le comte Henry de Frotté. Comprenant la responsabilité qui devait peser sur lui, non seulement vis-à-vis de Puisaye, mais encore vis-à-vis de son parti tout entier, notre chouan voulut pouvoir rendre un compte détaillé de ses actes et de ses paroles. Il rédigea à cet effet le *Journal de Louis-Charles-René Collin de la Contrie, de son voyage et séjour à Londres aux mois d'avril, mai, juin et juillet 1796, comme député de l'armée catholique et royale de Bretagne* [1]. C'est ce journal, régulièrement tenu et écrit avec sincérité, que nous allons parcourir.

II

Le 10 avril 1796, j'ai quitté le quartier général de M. de Puisaye, au château de la Foltière, près Fougères, pour prendre la route de Londres, emportant avec moi 9,860 livres sterling en billets de banque pour les échanger. MM. Rémaud et de la Roche se proposant le même voyage, nous nous donnâmes rendez-vous en la paroisse de Médréac.

Le départ de Collin de la Contrie ne s'opéra point aisément : faits de guerre, vents et marée, tout vint d'abord y mettre obstacle. Le 17, il est à la côte, mais, le 18, la lame est trop grande, et, le 29, la barque dans laquelle il était parti fait eau. Il engage un autre bateau pour le 4 mai, mais, le 5, le vent est contraire. Ce n'est que le 6 mai, après plus de deux semaines d'attente, qu'il peut enfin quitter la France, et le 7 qu'il arrive à Jersey. Là, ses tribulations ne sont pas encore finies.

Le 8. — Echange de 750 livres sterling. Deux lettres au général. Remis à différents émigrés des lettres de change tirées par le général sur le gouvernement anglais, pour le montant des sommes versées à la caisse de l'armée par leurs parents en France.

Le 9. — Les opérations ci-dessus m'ayant forcé de coucher à Saint-Hélier, lorsque j'arrivai le matin au Vieux-Château, je vis à la voile le lougre *la Daphné* qui devait me porter en Angleterre. Tous les signaux qu'on put lui faire pour m'envoyer sa chaloupe furent inutiles. Désespéré de ce contre-temps, je revins à Saint-Hélier, je frétai un bateau pour Guernesey où j'arrivai le même jour.

Enfin, le 10 mai, Collin de la Contrie part pour l'Angleterre. Le 11, il est à Southampton ; le 12 au matin, il arrive à Londres.

La Contrie n'avait point seulement à représenter l'armée de Bretagne à l'assemblée de Londres : il était en outre chargé par M. de Puisaye d'une mission particulière près du gouvernement britannique, et en avait reçu à cet effet les instructions les plus précises. Son journal ne fournit point le détail de ces instructions, mais M. de Beauchamp le donne dans son *Histoire de la Vendée*[1]. Disons seulement ici que La Contrie avait ordre de réclamer de la façon la plus pressante des secours en hommes et surtout des secours en argent, indispensables pour la solde de l'armée. Il avait de plus à s'acquitter d'une commission délicate, celle de déclarer à M. de Vauban, maréchal général des logis[2], que la prolongation de son séjour à Londres était regardée comme d'un mauvais exemple, et qu'il ne serait pas maintenu dans son emploi, s'il ne se rendait sur-le-champ à son poste.

Arrivé à Londres, Collin de la Contrie songea tout d'abord à remplir la mission qu'il avait reçue de Puisaye, mais son voyage ne devait pas un instant être favorisé par une chance heureuse, et il se heurta, dès le début, à des difficultés imprévues : changement de ministres et dissolution du parlement , élections nouvelles et rumeurs de paix. Il n'en fit pas moins, avec une ténacité de véritable Breton, d'incessantes et opiniâtres démarches, mal récompensées par de l'eau bénite de cour. Du matin au soir il courait les ministères, renvoyé, selon les termes pittoresques de son journal,

1. V. Beauchamp. *Histoire de la guerre de Vendée*, t. IV, p. 250.

2. Sur la proposition de M. de Puisaye, M. de Vauban avait, le 12 octobre 1795, été nommé maréchal général des logis par le conseil général de l'armée de Bretagne. Nous croyons devoir transcrire ici ce que Vauban, dans ses mémoires, rapporte de La Contrie et de la mission qu'il avait à remplir, mission dans l'exécution de laquelle il s'attribue à lui Vauban, suivant son usage, un rôle principal et presque exclusif :

« J'appris tous ces tristes détails par M. de la Contrie, membre du conseil général, que je connaissais beaucoup et aimais de même. Il venait d'arriver à Londres, où il avait été envoyé par le conseil général, moins pour travailler auprès du ministère, que pour m'apporter des instructions pour le faire ; lui-même n'aurait pas rempli cet objet ; il était franc, très loyal, avait de l'esprit, du caractère, mais s'exprimait mal, et n'avait pas l'habitude de voir des personnes en place qui lui en imposaient. » *(Mémoires pour servir à l'histoire de la guerre de Vendée*, p. 350.)

« comme Jésus-Christ, d'Anne à Caïphe, et de Caïphe à Pilate. »

L'envoyé de Puisaye avait dû, dès le jour de son arrivée, aller rendre visite au duc d'Harcourt, représentant de Louis XVIII à Londres, assez peu populaire parmi les émigrés, plus mal vu encore parmi les chouans. Il lui fallut aussi s'excuser près du comte d'Artois de ne point aller lui faire sa cour à Holy-Rood. La Contrie écrivant au prince, le 15 mai, en profita pour le prier d'appuyer de son crédit les demandes de Puisaye :

Je puis assurer Monsieur que lorsque j'ai quitté la Bretagne, le 7 de ce mois, jamais le parti royaliste n'avait été si brillant. La veille de mon départ, j'appris à la côte que M. de Puisaye, à la tête de la division Rouarie et d'un détachement de celle de Lemonnier près Dol, avait complètement battu 2.000 républicains sur la paroisse de Saint-Marc-le-Blanc, à trois lieues de Fougères, sans avoir éprouvé d'autres pertes qu'un officier blessé. En un mot, les choses sont telles que si les choses que je sollicite nous sont promptement accordées, si le grand événement dont on nous menace de la part de l'Allemagne n'a pas lieu et qu'au contraire les alliés obtiennent des succès, nous avons tout lieu d'espérer de voir le parti royaliste triompher pleinement en Bretagne.

Nous verrons bientôt le comte d'Artois répondre à La Contrie qu'il avait appuyé ses demandes ; elles n'eurent point cependant de résultat immédiat. L'infatigable solliciteur n'en consignait pas moins dans son journal le récit navrant de ses démarches infructueuses, l'accompagnant de réflexions inspirées par le chagrin et parfois par le dépit, jamais, malgré ses échecs, par le découragement. Nous reproduisons ici, de préférence au journal qu'elle résume, une longue lettre adressée, le 25 mai, à Puisaye, dans laquelle le chouan lui rend compte de ses actions, et lui fait part de ses déboires :

Londres, le 25 mai 1796. Portman Square, King's street, n° 9.

Général,

Il serait impossible de vous rendre la peine et les tourments que j'éprouve de voir mon séjour ici se prolonger beaucoup au delà de ce que vous l'aviez prévu, et de ne pouvoir mieux prévoir le temps où je serai libre de partir pour me rendre auprès de vous.

Je suis arrivé à Londres, le 12 au matin ; j'ai vu M. Windham le même jour et je lui ai remis les dépêches dont j'étais chargé. La conférence fut si courte que nous ne sommes pas entrés dans de grands détails. Il me témoigna beaucoup de joie d'apprendre de vos nouvelles et le bon état de l'armée ; il me fit entrevoir que, probablement, il n'allait plus être chargé des affaires des royalistes de France [1], mais qu'il n'en renonçait pas pour cela à leur être utile ; que, ce portefeuille rentrant aux mains de M. Dundas, les choses s'en feraient plus régulièrement et d'une façon plus avantageuse pour le parti. Je lui fis part de l'étendue de mes regrets et de mes craintes ; il chercha beaucoup à me rassurer. A la troisième entrevue, M. Windham me déclara que positivement il n'était plus chargé de nos affaires, qu'il fallait adresser à M. Dundas copie de mes pouvoirs et du mémoire de mes demandes, et qu'il les appuierait. J'exécutai son avis, le 15, et sollicitai une audience. Je renouvelai mes instances le 19, mais, par le plus funeste contre-temps, le roi ayant dissous le parlement le même jour, tous les ministres partirent dès le 20 pour les élections qui durèrent quinze jours, de sorte qu'il a été impossible d'en voir aucun depuis, et que je ne suis et ne serai pas plus avancé d'ici quinze jours que celui de mon arrivée. Tout le gouvernement ne parle, ne pense, ne rêve qu'élections. Ses idées sont tellement concentrées sur ce point que si l'univers s'écroulait, il ne s'en apercevrait à peine.

Indépendamment, général, de ce fâcheux incident, il est impossible de prévoir ce que le gouvernement britannique fera pour nous, s'il tiendra sa promesse pour la solde, s'il fournira les armes et munitions que nous lui demandons ; en un mot, s'il se prononcera pour nous secourir efficacement, ou s'il continuera seulement d'entretenir le feu sous la cendre ? Je pense que son ultérieure détermination à ce sujet est subordonnée à celle qui va être prise par les cabinets, relativement à la continuation de la guerre. Les cours alliées paraissent sérieusement occupées de cet objet qui, à mon avis, doit aussi sérieusement fixer l'attention des royalistes de l'intérieur. Au demeurant, quelles que soient la politique et les idées générales du gouvernement, il y a tout lieu de croire que nous obtiendrons encore quelque chose ; mais, en supposant, général, qu'il accorde ce que je sollicite, et qu'il se prononce affirmativement pour le débarquement projeté, la nouvelle qui se répand ici, fondée sur une lettre de Hoche, que M. de Scépeaux a mis bas les armes et reconnu les lois de la République, me donne les plus vives inquiétudes, et me jette dans un furieux embarras par rapport au point convenu pour le débarquement. Cette circonstance donnera lieu à de nouvelles objections de la part du gouvernement. Je les écarterai autant qu'il dépendra de moi, mais n'ayant rien de positif à répondre au sujet de cette prétendue paix qui dérangerait les dispositions de l'intérieur, et craignant, d'après ce que vous écrivait M. de Châtillon, que ce bruit ne soit fondé, il est nécessaire que vous m'envoyiez de nouvelles instructions et des détails sur notre position actuelle. Je ne m'en emploierai pas moins tout entier pour obtenir vos demandes, sauf à changer le lieu du versement, si les circonstances le rendent néces-

---

1. « Je présume que M. Windham avait sollicité ce changement, d'après les connaissances qu'il avait que le gouvernement avait résolu de nous abandonner et de manquer à ses engagements vis-à-vis de nous, et qu'il répugnait au cœur de ce brave homme de nous donner ce qu'on appelle de l'eau bénite de cour. » (Note de La Contrie).

saire. Des explications au sujet de ce qui a pu se passer chez M. de Scépeaux sont d'autant plus indispensables que cette nouvelle a produit le
plus mauvais effet parmi les émigrés, qui voient déjà la Bretagne suivre
le même plan.

Vous savez, sans doute, mon général, la débâcle de Beaulieu en Italie
et la paix humiliante du roi de Sardaigne. Tout cela n'est malheureu-
sement que trop vrai. Une malle de Hambourg annonce que l'empereur a
fait marcher 35,000 hommes au secours du général Beaulieu, et que
l'armistice est fini sur le Rhin. Dieu le veuille ! Les papiers du jour portent que les Anglais ont repris Sainte-Lucie. Nous avons grand besoin
que toutes ces nouvelles se confirment, car nos politiques commençaient
à se déconcerter, et déjà on faisait faire la paix à l'empereur sous deux
mois. Louis XVIII est à l'armée de Condé, qu'on fait monter à 15,000
hommes. Des lettres de cette armée portent qu'ayant été aux avant-
postes, il a reçu le salut des soldats et officiers républicains.

D'après la manière franche et loyale dont M. de Vauban s'est conduit à
votre égard, je l'ai revu avec grand plaisir. Il vous a défendu avec cha-
leur, au dire de vos amis, et il est impossible de mettre plus de zèle et
d'activité qu'il ne fait pour la réussite de vos affaires. Ce n'est pas sa
faute, s'il n'a pas rejoint ; M. Windham s'est avoué devant moi le seul
coupable. Il y a tout lieu de croire que nous repasserons ensemble [1].

Jouet est ici. Il a formé des demandes au gouvernement anglais pour
l'armée de Saint-Brieuc ; il m'a paru décidé à ne rejoindre qu'après les
avoir obtenues. J'ai vu aussi M. de Damas ; il est parti, il y a quelques
jours, pour Edimbourg. Il m'a paru réunir toutes les qualités propres
pour faire un excellent officier chouan. Je ne désespère pas de le voir
venir prendre son commandement.

La soumission du Morbihan, général, a eu le meilleur effet ici. Ç'a été
le coup de grâce pour vos ennemis. Tout le monde vous rend justice.

... Les louis d'or sont extraordinairement chers et rares ici : malgré
mes recherches, je n'ai pu encore m'en procurer qu'environ 1,200 au prix
énorme d'une guinée chaque. Je vais les envoyer à Jersey, par une occasion sûre et prochaine, pour que les correspondants vous les fassent parvenir avant mon retour. Vous avez dû recevoir 2,700 louis que je vous
annonçais par une lettre de Jersey, en date du 8.

Adieu, général, je vous désire la meilleure santé et vous prie de croire
que la joie ne renaîtra dans mon cœur que lorsque je pourrai partir pour

---

1. Le marquis de la Jaille, dans un rapport adressé, en 1796, à M. de Puisaye,
affirme également la bonne volonté de M. de Vauban et son désir sérieux de rejoindre
l'armée :

« Ce n'est pas la faute de M. de Vauban s'il ne vous a pas joint depuis longtemps :
il n'a cessé de solliciter M. Windham qui l'a toujours retardé. Il était en prison quand
je suis arrivé, pour ne pouvoir payer ses frais d'auberge ; mais, comme il n'y avait
pas de sa faute, M. Windham a payé pour lui 150 livres sterling, et il doit être
libre aujourd'hui. *(Puisaye papers*, vol. LXXI. *Lettres du comte de Botherel et du
marquis de la Jaille.)*

vous aller rejoindre et vous assurer de vive voix des sentiments respec-
tueux avec lesquels je suis pour la vie,

Général,
Votre très humble et très obéissant serviteur,
DE LA CONTRIE.

Permettez, général, que je me rappelle au souvenir de mes camarades
et de Francis que je prie de faire dire chez moi que je me porte bien.

Ni les mauvaises nouvelles reçues du continent, ni l'agitation
électorale qui passionnait l'Angleterre ne refroidirent le zèle de
Collin de la Contrie. Dès qu'un ministre reparut à Londres, il re-
commença ses courses, et reprit avec fièvre ses démarches inter-
rompues, sans arriver toutefois à un meilleur résultat.

Le 3 juin 1796, M. Windham est de retour à Londres. Dès le 4,
La Contrie va le relancer, et est renvoyé par lui à M. Atkinson,
sous-secrétaire d'Etat de M. Dundas. L'infatigable chouan y court
de suite. M. Atkinson, surpris au débotté par ces importunes instances, répond à La Contrie qu'il n'a reçu aucun ordre relatif à
ses demandes, et que tout ce qu'il peut faire est d'en parler à Pitt.
Il le verra le soir même ; ce qu'il ordonnera sera bien ordonné et
exécuté de suite. L'obstiné solliciteur est enfin renvoyé au 6 pour
la réponse du ministre. C'était presque une espérance, mais, le 6,
la réponse est ajournée au 7, et, le 7, un commis informe La
Contrie, à sa grande indignation, qu'il ne faut point repasser au
ministère avant quatre ou cinq jours. Enfin, le 11, après tant de
pas inutiles, le malheureux envoyé reçoit le coup de grâce. Les
combattants de Vendée ou de Bretagne avaient en défiance particulière ceux qui représentaient à Londres la politique de Vérone,
celle du roi, ou plutôt celle de d'Avaray. Froissé de voir l'envoyé
de Puisaye s'agiter sans recourir à lui, le duc d'Harcourt, à qui
une lettre de Monsieur commandait d'ailleurs cette démarche, se
hâta d'intervenir près du gouvernement anglais. Les ministres
bénirent cette intervention qui plaçait entre eux et les instances
importunes du chouan l'autorité d'un ambassadeur royal, et, le
11 juin, La Contrie désespéré eut à mentionner sur son journal la
déclaration suivante :

Le 11, M. Atkinson me déclare, de la part de M. Pitt, qu'il faut
m'adresser au lord Grenville par le canal de M. le duc d'Harcourt ; que

désormais c'est la marche à tenir pour tous les envoyés des armées
royales à Londres ; que les envoyés des mêmes armées qui se trouveront
à Jersey communiqueront pareillement avec lord Grenville par le canal
du prince de Bouillon.

Et découragé pour la première fois, après tant de peines perdues
et de démarches vaines, Collin de la Contrie ajoutait, dans son
dépit :

Nota. — Ce nouvel ordre de choses est un fruit amer de la cabale qui
intrigue ici, depuis qu'il existe des royalistes armés en France. Le mal
qu'il produira, s'il subsiste, n'est pas calculable.

Il ne servait à rien de se plaindre, et il fallut bien en passer
par le duc d'Harcourt. Le 14 juin, La Contrie lui remit son
mémoire, et l'accueil qu'il reçut ne justifia que trop ses alarmes.
Le duc consentit à prendre le mémoire, mais déclara de suite qu'il
contenait des vérités trop fortes. Il ajouta qu'il en ferait cependant
usage, mais qu'il faudrait attendre ; que M. Dundas n'était point
encore revenu, etc., etc. Le chouan comprit que c'était une affaire
enterrée. Il ne fut qu'à moitié consolé de cet insuccès par une lettre
dans laquelle Monsieur, malgré des compliments plus ou moins
sincères à l'adresse de Puisaye et malgré l'expression tant de fois
renouvelée de son désir de combattre avec ses *compatriotes*, n'en
imposait pas moins l'intermédiaire redouté du duc d'Harcourt :

Edimbourg, 30 mai 1796.

Le comte de Damas m'a remis votre lettre, Monsieur ; je n'ai pas perdu
un moment pour charger M. le duc d'Harcourt d'appuyer, au nom du roi
auprès des ministres britanniques, les demandes formées par M. de
Puisaye, et je l'ai même autorisé à remettre une lettre en conséquence.
J'ai tardé à vous répondre parce que j'espérais pouvoir me charger de
rapporter à votre général des solutions favorables, mais la circonstance
des élections pour le nouveau parlement mettant de la suspension dans
les affaires, je n'ai pas voulu tarder à vous faire connaître : 1º que les
événements malheureux qui se succèdent avec trop de rapidité n'ébran-
lent jamais ma constance et ne ralentissent pas ma juste activité ; 2º que
je redouble d'ardeur et de zèle pour hâter les secours dont les armées
royales ont tant de besoin et pour accélérer aussi le moment si désiré où
ma présence pourra coopérer utilement au succès de mes fidèles compatriotes ; 3º que je suis on ne peut plus content du travail de M. de Puisaye
et que le général doit compter sur l'estime et la confiance que mérite son
dévouement pour le service du roi.

J'écrirai par vous à M. de Puisaye aussitôt que je saurai que vous devez retourner auprès de lui ; mais, en attendant, je vous autorise à lui faire passer copie de cette lettre, si vous en trouvez l'occasion. Ne doutez jamais, Monsieur, de tous mes sentiments pour vous.

CHARLES-PHILIPPE.

III

Le principal objet du voyage de La Contrie était de représenter, avec Botherel et Jouet, l'armée de Bretagne à l'assemblée de Londres. Il prit donc part à ces tristes conférences qu'un désaccord déplorable entre les députés et le duc d'Harcourt et une irrémédiable division entre les membres des différentes armées condamnèrent à n'avoir aucun heureux résultat.

Le 18 juin, le comte de Botherel revint d'Edimbourg, apportant les ordres de Monsieur. Le prince manifestait le désir formel que tous les députés se réunissent *chez M. le duc d'Harcourt* pour y travailler activement aux affaires du parti. Collin de la Contrie, jusqu'à son départ de Londres, assista avec régularité à ces réunions que son journal résume fidèlement jour par jour.

Le 19. — Réunion préparatoire des députés des armées royales, savoir MM. de Botherel, de Jouet et moi, pour l'armée de Puisaye ; le chevalier de Tryon, pour celle de Scépeaux ; l'abbé Rémaud et le chevalier de la Roche, pour l'armée de Charette, et le chevalier de la Roque, pour celle de Frotté. M. de Jouet propose d'admettre à la conférence M. de Vauban, maréchal général du logis de l'armée de Bretagne. Rejeté. M. de Botherel donne lecture du mémoire à présenter aux ministres anglais. Ce mémoire est approuvé dans tout son contenu par l'abbé Rémaud. M. de la Roque élude son avis par l'arrivée de M. de Frotté père, à Jersey. Je fais plusieurs observations sur ce mémoire. Débats à ce sujet.

L'assemblée se sépare pour se réunir chez M. le duc d'Harcourt, à son retour de la campagne, à l'effet de discuter plus à fond le mémoire.

Le 23. — Réunion des députés. Jouet renouvelle sa proposition d'admettre M. de Vauban. M. de Botherel est chargé d'arranger cette affaire. Seconde lecture du mémoire ; longue discussion. L'abbé Rémaud laisse échapper quelques expressions qui me font entrevoir qu'il s'est rangé du côté des ennemis de M. de Puisaye. Je larde la discussion de quelques expressions pour lui faire sentir que je m'aperçois de sa conduite, et en forme de reproche.

Le 24. — M. de Vauban est présenté et reçu aux conférences [1]. Troi-

1. M. de Vauban, dans ses *Mémoires pour servir à l'histoire de la guerre de Vendée* (p. 381 et suivantes), rend également compte de ces conférences d'une façon moins détaillée et surtout, à ce qu'il nous semble, moins sincère.

3

sième lecture du mémoire de M. de Botherel. Nouvelles objections, nouvelles observations de ma part; corrections : en conséquence, adoption. Arrêté qu'on en enverra copie au roi et à Monsieur, avec une lettre souscrite par tous les députés. Rendez-vous le lendemain, à onze heures du matin, chez M. le duc d'Harcourt, pour lui faire part du mémoire.

M. Rémaud se démasque entièrement à l'occasion de la lecture d'une lettre de M. de Puisaye aux autres généraux des armées royales, pour les engager à nommer conjointement avec lui un seul représentant à Londres auprès du gouvernement anglais, de Monsieur, frère du roi, et des ambassadeurs des autres alliés, dont le premier devoir serait de s'adresser au roi et de lui demander la confirmation de ses ordres.

Le 25. — Réunion des députés chez M. le duc d'Harcourt. Lecture du mémoire. M. le duc observe que ce mémoire est bien long et qu'il contient des reproches propres à irriter le ministère. Débats. M. le duc consent à le présenter dans l'état.

Le 27. — J'engage M. de Botherel à hâter la transcription du mémoire pour le présenter sans délai. Motifs de cette démarche. Il me communique des lettres de M. de Puisaye, où il me rappelle. Arrêté d'aller chez M. Windham pour solliciter de nouveau mon départ. Il me communique le projet du chevalier de Tryon, m'apprend que M. Windham a écrit à M. de Puisaye *de faire la paix* et qu'il a engagé M. le duc d'Harcourt à lui écrire dans ce même sens, mais le duc a voulu auparavant consulter Monsieur.

Le 28. — Réunion des députés au nombre desquels est admis M. de Frotté père, député de l'armée de Normandie. Nouvelle lecture du mémoire, nouvelles corrections adoptées à l'unanimité. Lecture d'une lettre au roi. Adoptée. Lecture d'un mémoire à M. Windham. Débats et adoption

Soucieux de répondre à l'appel de Puisaye, comprenant en outre qu'il n'y avait que peu de chose à espérer de semblables conférences, Collin de la Contrie se rendit chez M. Windham, et lui demanda l'autorisation et les moyens de retourner en Bretagne. Windham refusa de le laisser partir avant qu'il eût été statué sur ses demandes et qu'il eût quelques nouvelles favorables à annonce en Bretagne. La Contrie découragé écrivit de suite à Puisaye qu'il était au désespoir de ne pouvoir quitter une ville, « où il ne trouvait qu'ennuis, que délais, que remises toujours infructueuses. » Il ajoutait, et non sans raison, que ses intérêts personnels réclamaient son retour en France ; que, si ses camarades mettaient bas les armes, il voulait pouvoir le faire à la même heure qu'eux, « pour la tranquillité future de sa famille, pour son intérêt, celui, entre autres, d'assurer l'hérédité à ses malheureux petits-enfants. »

Il n'osa point toutefois résister aux instances de M. Windham et continua à se rendre aux conférences, dont un conflit entre les députés et le duc d'Harcourt allait encore le dégoûter davantage.

Le 29. — Députation de MM. de Botherel, le chevalier de Tryon, Rémaud et moi pour remettre à M. le duc d'Harcourt le mémoire original, et pour le prier de le transmettre au lord Grenville.

La députation se rend de suite chez M. le duc d'Harcourt. Remise du mémoire entre ses mains, avec prière de le transmettre sans délai. M. le duc répond qu'il lira le mémoire avec attention, et que, *s'il le trouve convenable*, il le présentera. Insistance des députés pour qu'il soit présenté promptement et en l'état. M. le duc objecte de nouveau. M. le duc a l'air de céder et de consentir à présenter le mémoire. M. de Botherel prévient M. le duc qu'il va en remettre un double à M. Windham. M. le duc y consent.

..... Il serait impossible de rapporter tous les faux raisonnements de M. le duc d'Harcourt en cette occasion. Il m'a paru en tout jouer le rôle plutôt d'un antagoniste que d'un partisan [1].

Le 30. — Les députés conviennent de se réunir tous les jours pour se communiquer leurs idées et aviser aux moyens de rendre leur mission avantageuse au parti.

1er Juillet. — En l'assemblée des députés, il a été formé une députation de MM. le comte de Vauban et Rémaud pour aller savoir de M. le duc d'Harcourt s'il a définitivement transmis le mémoire ou si il le remettra. Il a répondu que *non* ; il a ajouté qu'il a fait un mémoire pour savoir d'abord si on veut accorder des secours aux royalistes ou non, qu'il présenterait le sien, que, si on se décidait à accorder des secours, il verrait ce qu'il pourrait présenter dudit mémoire qu'il continuait à trouver trop fort et exigeant trop des ministres.

Il a été arrêté d'écrire à M. le duc d'Harcourt pour lui annoncer que, l'intention des commettants des députés étant qu'ils eussent des relations directes avec les ministres de Sa Majesté Britannique, la nouvelle mesure adoptée pourrait bien avoir l'effet de nous empêcher de parler aux ministres, mais non pas de nous empêcher de leur faire parvenir le mémoire que nous jugerions à propos de rédiger pour l'intérêt de la cause des royalistes, sans qu'il subisse la correction d'un intermédiaire ; qu'en conséquence, nous insistions pour qu'il fût mis en l'état et sans corrections entre les mains des ministres.

Arrêté de plus qu'il sera écrit pareillement à Monsieur, pour l'instruire de la conduite de M. le duc d'Harcourt, et au duc, pour le prévenir que, s'il persiste à refuser de présenter le mémoire, nous le présenterions nous-mêmes.

La crise en était arrivée à cet état aigu quand, le 2 juillet, plusieurs députés des armées royales rencontrèrent le duc d'Harcourt

---

1. Nous laissons bien entendu à l'auteur de ce journal la responsabilité de ses appréciations sur le duc d'Harcourt qui, jusqu'en 1802, époque de sa mort, ne cessa point de s'occuper avec dévouement et intelligence, —mais peut-être aussi avec trop de pompe et surtout trop de lenteur, — des affaires des émigrés aussi bien que de celles de son maître.

au ministère de la guerre, dans le bureau des messagers. M. de
Botherel lui adressa des observations tellement vives et les autres
députés y joignirent des instances si pressantes que le duc promit
enfin de remettre le mémoire tel quel. Il fut fait victorïeusement
part de sa promesse à l'assemblée du jour, et les lettres que l'on
avait décidé d'écrire dans la séance de la veille furent regardées
comme n'ayant plus de raison d'être. L'abbé Rémaud, toujours disposé à récriminer contre le duc d'Harcourt aussi bien que contre
Puisaye, ajouta avec aigreur qu'il était assuré que le duc avait
sollicité lui-même le droit d'intervenir et que c'était là le fruit de
plusieurs années d'intrigue.

Au moment où les membres de la petite assemblée venaient
d'avoir raison de l'obstination du duc d'Harcourt et espéraient pouvoir enfin travailler utilement aux affaires du parti, l'esprit de dis-
corde qui soufflait sans relâche sur ces conférences amena la plus
fâcheuse division entre les députés de l'armée de Normandie et les
députés des autres armées royales. L'on est peiné de voir le comte
Henri de Frotté compromettre dans de misérables querelles le nom
déjà glorieux de son fils. La certitude qu'une pacification prochaine allait bientôt rendre sans objet ces attristants débats ne suffit
pas à le justifier.

Le 3. — M. de la Roque, l'un des députés de Normandie, me prie d'annoncer à l'assemblée de demain que les députés de Normandie ne peu-
vent plus se trouver à nos assemblées par des considérations particu-
lières.

Le 4. — MM. de Botherel, Tryon et moi, nous rendons au bureau de la
guerre, avec M. de Grandclos fils, voir M. Woodford. Il est question de
l'arrangement pour faire compter de l'argent en France par des banquiers.
On parle aussi d'un autre arrangement pour fondre des louis à l'effigie de
Louis XVIII et de la même valeur. M. de Grandclos est, de plus, chargé de
faire rechercher de 6 à 8,000 louis pour le départ de M. Tryon et moi, et est
prié de passer le lendemain, à 9 heures, au même bureau, pour prendre
des arrangements ultérieurs.

Rencontré M. de Frotté dans la salle des messagers. Témoignage de sur-
prise de la scission que veulent faire les députés de Normandie, après l'intention bien connue de Monsieur que tous travaillent en commun. Répond
qu'il vient de recevoir des instructions de son armée qui lui prescrivent
cette mesure. Sur l'observation faite que les députés doivent être instruits
des nouvelles récentes qui lui ont été apportées sur la situation de la
Bretagne, M. de Frotté promet de se rendre demain, à midi, à l'assemblée
des députés. Il dit que Couesbouc père, et les officiers de ses deux divisions, à l'exception de Chalus, ont traité avec la république, que son fils

a été engagé à en faire autant par le général Dumesnil qui lui a écrit
plusieurs fois à ce sujet, mais que sa réponse a été qu'il ne traitait point
avec les ennemis de son roi ; qu'il savait comment Hoche s'était expliqué
à Rennes sur le compte des généraux et de son fils particulièrement ;
qu'en parlant de Scépeaux, Hoche avait dit que *c'était un anneau à
son doigt*. Ayant arrêté brusquement M. de Frotté, il s'est radouci, et n'a
pas continué son récit insultant, mais je sais ce qu'il avait à dire de
MM. de Puisaye et de Boisguy.

Le 5. — M. de Grandclos reçoit contre-ordre de la part de M. Woodford. MM. de Frotté et de la Roque se sont rendus à l'assemblée des députés. Il a été donné lecture du projet de lettre à Monsieur frère du roi.
MM. de Frotté et de la Roque ont déclaré ne pouvoir la souscrire,
attendu que les ordres qu'ils viennent de recevoir de leurs commettants
leur prescrivent de ne rien signer. M. de Botherel, ayant fait part à l'assemblée du contre-ordre donné à M. de Grandclos, a communiqué aux
députés de Normandie ses craintes que leurs démarches ou celles de
M. Mandat auprès du ministre n'aient donné lieu à cette réaction. M. de
Frotté, du ton le plus haut et le plus impérieux, dit que M. Mandat ayant
été chargé de faire aux ministres le tableau de la France, n'a pu leur
dissimuler celui de la Bretagne, que Boisguy a traité et offert de marcher
aux frontières, avec 8,000 hommes, qu'il est peut-être déjà parti, que les
chefs de Vitré ont pareillement traité. Il répète ses invectives contre
M. de Scépeaux, donne des éloges à M. de Puisaye, ajoute qu'il vien-
dra bientôt à Londres, dit du mal de la Bretagne et de beaucoup de chefs
pour élever son fils. En un mot, il divague en tout, et joue le rôle le plus
impertinent qu'on puisse imaginer. Sa fureur souffrait avec impatience
quelques objections. M. Mandat n'avait pas de mission. Il ne pouvait, sans
manquer aux députés de Bretagne, rendre aucun compte de cette province
qu'il ne connaît pas, sans auparavant conférer avec eux. Il y a beaucoup
d'apparence que les indiscrétions commises par M. Mandat ont changé la
disposition du ministre.

Le 6. — Réunion des députés de Bretagne, Anjou et Poitou. On propose d'instruire Monsieur de ce qui s'est passé relativement aux députés
de Normandie. Convenu d'attendre quelques jours pour remplir cet
objet.

Si le souci de ses intérêts personnels, si l'invitation pressante de
Puisaye inspiraient à Collin de la Contrie le désir de reprendre le
chemin de France, il faut convenir que la fatigue de ces orageuses
séances, que le dégoût de ces inutiles et interminables discussions
ne pouvaient qu'accroître ce légitime désir. Ce fut donc avec joie
que, le 7 juillet, il apprit, chez M. Windham, qu'il pourrait partir
quand bon lui semblerait. Il était fort disposé à ne point tarder
quand, dès le lendemain, un mot de M. Woodford fixa le départ au
soir même :

War office, 8 juillet 1796.

M. Windham me charge, Monsieur, d'avoir l'honneur de vous écrire qu'il est fort intéressant pour la cause à laquelle vous vous êtes si généreusement voué que vous partiez ce soir avec un officier anglais qui vous conduira à Jersey avec l'argent.

Si vous vous rendez chez M. Windham, ce soir, à 6 heures, avec vos effets, vous trouverez vos instructions et l'officier.

Je vous envoie ci-joint un ordre pour un secours pécuniaire. S'il n'est suffisant, ayez la bonté de passer ici sans délai.

Je suis, etc.

WOODFORD.

Collin de la Contrie, dans sa joie de partir, se garda de réclamer contre un ordre si prompt. Le soir même il montait en voiture ; le 9 juillet, il était à Weymouth, et, le lendemain, il s'embarquait pour Jersey.

IV

A voyage inutile retour piteux. Le malheureux Collin de la Contrie, après les déceptions de son séjour à Londres, fut encore en butte aux taquineries de cette fortune fâcheuse qui s'était attachée à lui dès son départ. Arrivé à Jersey, il eut, pour commencer, à essuyer les reproches du prince de Bouillon ; il lui fallut ensuite tenir tête à deux aides de camp impertinents et volontaires. Les aides de camp, même dans les armées royales, étaient souvent l'objet d'une malveillante jalousie ; mais, pour un Français, c'était, en vérité, une situation ridicule que celle d'aide de camp de ce prince de Bouillon qui se gardait de sortir de son île, et ne brandissait que dans des vanteries d'après boire l'épée du grand Turenne, égarée entre ses mains. La Contrie avait donc le droit de le prendre d'assez haut avec ces messieurs.

Le 11 juillet. — Arrivée à Jersey. Visite au prince. Ses reproches relativement à l'argent que j'ai fait passer en France.

Le 13. — M'occupant avec Gouin, agent de la correspondance, du lieu où je pourrais débarquer avec plus de sûreté sur la côte, entrent dans ma chambre MM. F*** de P*** et la F*** (petit-fils, je crois de la Chalotais), aides de camp de M. le prince de Bouillon. M. de F*** était l'un de ceux auxquels j'avais remis des lettres de change sur le gouvernement britannique. Il me présente la sienne pour que je l'acquitte, puisque j'ai de l'argent. Lui ayant témoigné mon étonnement d'une semblable proposition et lui ayant demandé si le gouvernement britannique avait refusé de l'acquitter, seul cas où elle pourrait être représentée au tireur, M. l'aide de camp prend un air de hauteur et me somme, de la part du prince de Bouillon, de faire honneur à la demande de son camarade. Répondu que je respecte la personne de M. de Bouillon, mais que je n'ai pas d'ordre à recevoir de lui ; que, voyageant dans son île, sous la protection du gouvernement britannique, je ne reconnais d'autre autorité que celle du roi de France ; qu'il était affreux que des Français émigrés, vivant dans l'oisiveté à Jersey, cherchassent à dépouiller nos malheureux royalistes de l'intérieur. Ces messieurs ayant insisté, je n'ai pu les congédier qu'en déclarant que j'instruirais Monsieur de leur conduite. Ayant eu l'air d'ignorer de quel *Monsieur* je voulais parler, je reprends avec force : *Monsieur, frère du roi ; le connaissez-vous ?* A ces mots, mes deux émigrés prennent leurs chapeaux, honteux comme un renard qu'une poule aurait pris, sans mot dire.

A son départ, La Contrie avait manqué le bateau ; à son retour, dernier contre-temps, il laisse tomber sa sacoche !

Le 15. — Départ précipité pour le Vieux-Château, où je devais m'embarquer, emportant 1,500 louis. Un sac de 700 louis m'échappe, en passant à cheval sur un trottoir, pour éviter des invalides qui portaient une longue pièce de bois sur leurs épaules dans le fond du chemin. Je n'ai pas fait deux pas, que je m'aperçois que le sac a échappé. Je m'en retourne aussitôt. J'interroge les invalides qui font semblant de ne pas m'entendre. Vent contraire à l'embarquement. Retour à Saint-Hélier. Dénonciation à la police de mon aventure.

Le 22. — Mon sac de louis retrouvé, lorsque les invalides qui l'avaient serré lorsqu'il tomba, et jeté par-dessus la haie, le partageaient nuitamment. Arrestation des voleurs et capture des louis par la justice.

Le 29. — Ayant été obligé de partir dans la nuit du 29 au 30, je n'ai pu être ressaisi de mon argent. En conséquence, j'ai laissé à M. l'abbé Guillo [1] procuration de le toucher et de le faire passer.

Le 30. — Débarquement sur la côte de Cancale.

Le 31. — Dénoncé par un jeune homme que le prince de Bouillon m'avait donné pour le ramener en France [2].

1. Dans la séance du 4 octobre 1795, l'abbé Guillo avait été nommé, à l'unanimité des voix, trésorier général de l'armée de Bretagne.
2. M. Durand, fils de M. Durand, professeur de mathématiques à Rennes et grand bonnet rouge. (Note de la Contrie.)

Le 1er août. — Je me rends dans ma famille.

Le 7. — Rejoint M. de Puisaye, à la paroisse de Fleurigné, près Fougères. Je lui remets les dépêches dont j'étais porteur et un double de mon journal, en lui rendant compte de ma mission.

Le voyage de La Contrie n'avait eu que peu de fruit, et les nouvelles qu'il apportait de Londres n'étaient point bonnes. Il n'en avait pas moins fait ce qu'il avait pu, avec honnêteté, énergie et constance. Cela méritait qu'on le reconnût : le 7 août, Puisaye reçut La Contrie chevalier de Saint-Louis. Le brevet, signé par Monsieur à Edimbourg, était daté du 15 juin 1796.

Que devint notre chouan voyageur ? — Nous ne savons que peu de chose sur la fin de sa carrière, et son nom ne reparaît plus dans les annales royalistes. Nous pouvons dire cependant qu'il demeura, jusqu'à la fin, l'ami du comte de Puisaye, et qu'il eut la grande joie d'assister à la restauration de la monarchie. En 1821, quand Puisaye se décida à rédiger le septième volume de ses *Mémoires*, il correspondit à ce sujet avec Collin de la Contrie, et, cédant à un sentiment de coquetterie commun à bien des auteurs, il affecta d'accorder aux instances de l'amitié une décision inspirée simplement par le caprice [1]. La même année, l'abbé de la Grande-Trappe, M. de Lestrange, attendait, dans son monastère, la visite de La Contrie, chargé par Puisaye de je ne sais quelle commission [2]. Plus tard encore, un vieux chouan breton, le colonel Guesno de Penanster, écrivant à Puisaye, retiré à Hammersmith, lui donna des nouvelles de son ancien envoyé [3]. Dans sa gentilhommière bretonne, à l'heure où triomphait le drapeau blanc, Collin de la Contrie ne songeait pas sans orgueil à ses aventures de guerre, à ses périls de chouannerie, mais il ne dut jamais se rappeler sans tristesse ce voyage d'Angleterre, où il avait appris que la fidélité et le dévouement personnels ne servent à rien, quand ils sont entravés par des chicanes de parti, stérilisés par des questions de coterie.

---

1. V. *Puisaye papers*, vol. CVII, *suite des Mémoires du comte de Puisaye.*
2. *Ibid.* vol. LXVII. *Lettres des ecclésiastiques royalistes.*
3. V. *Ibid.* vol. LXII. *Lettres de MM. le marquis Beaupoil-Sainte-Aulaire et colonel Penanster.*

Nantes. — Imp. Vincent Forest et Émile Grimaud, place du Commerce, 4.

REVUE DE LA RÉVOLUTION

Historique, Philosophique, Économique, Littéraire et Artistique.

La Revue de la Révolution paraît le 5 de chaque mois. Chaque numéro se compose de 100 à 120 pages in-8° grand raisin ; il contient, en outre, deux reproductions, par la photogravure, de gravures ou de documents.

PRIX DE L'ABONNEMENT :

	UN AN	SIX MOIS
France et Alsace-Lorraine....	30 fr.	16 fr.
Étranger (union postale)......	35 fr.	18 fr.
Étranger ne faisant pas partie de l'union, le prix de la poste en sus.		
Prix de la livraison vendue séparément...	3 fr.	

Tout ce qui concerne la rédaction de la Revue de la Révolution doit être adressé, *franco,* à M. Ch. d'Héricault, 5, place de Rennes, Paris, ou à M. Gustave Bord, rue de la Paix, Saint-Nazaire-sur-Loire.

Tout ce qui concerne l'administration de la *Revue* doit être adressé, *franco,* à M. A. Sauton, rue du Bac, 41, Paris.

On souscrit à Paris aux bureaux de la Revue de la Révolution, 41, rue du Bac.

La reproduction et la traduction des travaux de la Revue de la Révolution sont formellement interdites.

Nantes. — Imp. Vincent Forest et Émile Grimaud, place du Commerce, 4

www.ingramcontent.com/pod-product-compliance
Lightning Source LLC
LaVergne TN
LVHW012108170726
843501LV00008BC/2795